BEI GRIN MACHT SICH IHR WISSEN BEZAHLT

Bibliografische Information der Deutschen Nationalbibliothek:

Die Deutsche Bibliothek verzeichnet diese Publikation in der Deutschen National-
bibliografie; detaillierte bibliografische Daten sind im Internet über http://dnb.d-
nb.de/ abrufbar.

Impressum:

Copyright © 2019 GRIN Verlag
Druck und Bindung: Books on Demand GmbH, Norderstedt Germany
ISBN: 9783346114112

Dieses Buch bei GRIN:

https://www.grin.com/document/514282

Celina Schäuble

Beweglichkeits- und Koordinationstraining. Erstellen eines Trainingsplans für eine Testperson

GRIN Verlag

Deutsche Hochschule für
Prävention und Gesundheitsmanagement
Hermann Neuberger Sportschule 3
66123 Saarbrücken

Einsendeaufgabe

Fachmodul:	Trainingslehre 3
Studiengang:	BFÖ
Datum Präsenzphase:	11.11.2019-13.11.2019
Name, Vorname:	Schäuble, Celina
Studienort:	**Zürich**
Semester:	**WS17**

Inhaltsverzeichnis

1 Personendaten

Alter	27
Geschlecht	Weiblich
Körpergröße	180 cm
Trainingsmotive	Stressabbau und Beweglichkeitsverbesserung, Ausgleich von Defiziten, Verbesserung der Leistungen im freien Training
Berufliche Tätigkeit	Studioleitung in der Fitnessbranche, meist sitzende Körperhaltung
Zeitlicher Verfügungsrahmen	2 mal in der Woche, 20 – 30 Minuten
Aktuelle sportliche Aktivitäten (inkl. Leistungsstufe und Umfang)	• 2-3-mal in der Woche Kraftausdauertraining mit Dauer von einer Stunde, freies Training auf fortgeschrittenem Niveau • 2-3-mal pro Woche Dehnen an Five-Gym Geräten • 1-mal in der Woche Nordic Walking mit einer Dauer von 1 Stunde, Im Freien auf Anfänger Niveau • Trainingsprogramm wird seit 3 Monaten so gestaltet
Frühere sportliche Aktivitäten (inkl. Leistungsstufe und Umfang)	• 5-mal die Woche Krafttraining mit einer Dauer von 1 bis 1,5 Stunden je Einheit, maschinell geführtes Krafttraining auf fortgeschrittenem Niveau über 2 Jahre lang
Allgemeiner Gesundheitszustand	• Nichtoperierter Riss im Hinterhorn des Meniskus am linken Knie • Leidet 2-3-mal in der Woche an körperlichen Stresssymptomen, wie Kopfschmerzen, Schwindel und Schlaflosigkeit • Leidet nach langem Sitzen an Low-back-pain • Keine bekannten internistischen Probleme • Impingement-Syndrom linke Schulter

Bewertung in Bezug auf die Belastbarkeit und die Trainierbarkeit von Person X:

Person X ist trainingserfahren und hat laut Angaben ihr Trainingspensum im Vergleich zu früheren Einheiten reduziert. Somit besteht genug zeitlicher Raum, um in ihren bisherigen Trainingsplan ein Koordinations- uns Beweglichkeitstraining einzubinden.

Da Person X bis zum jetzigen Zeitpunkt schon an einem Beweglichkeitszirkel trainiert hat, sind gewisse Vorkenntnisse im Dehnen vorhanden, die Person X den Einstieg in ein freies Dehntraining erleichtern können. Ihre koordinativen Fähigkeiten lassen sich jedoch nur schwer einschätzen. Da sie in den letzten drei Monaten jedoch freies Training betrieben hat, in der viel Koordination gefordert wird, wird die Koordination als mindestens ausreichend in Bezug zum Trainings Niveau eingestuft. Da Person X eine Verletzung am linken Meniskus hat, muss überprüft werden, ob es verletzungsbedingt zu Anpassungserscheinungen der Muskulatur in Bezug auf die Beweglichkeit gekommen ist.

2 Beweglichkeitstestung

2.1 Beschreibung der Testdurchführung

Um das Ausmaß der Beweglichkeit messbar zu machen, wird die maximale Bewegungsamplitude des Gelenks bestimmt, die anhand des Schmerzempfindens des Kunden festgemacht wird. Beim Testverfahren nach Janda (2000) werden Beweglichkeitsdefizite und Muskelschwächen getestet. Die Muskulatur wird bei der Testung in die entgegengesetzte Richtung ihrer normalen Funktionsweise gedehnt. Getestet werden die Brustmuskulatur (M. pectoralis major), die Hüftbeugemuskulatur (speziell M. iliopsoas), die Kniestreckmuskulatur (spezielll M. rectus femoris), die Kniebeugemuskulatur (Mm ischiocrurales) und die Wadenmuskulatur.

2.1.1 Testung der Brustmuskulatur (nach Janda, 2000, S.270)

Person X legt sich in Rückenlage auf eine Liege. Die Beine sind hierbei angewinkelt, die Fußsohlen liegen flach auf der Liege auf, damit das Becken fixiert ist. Der zu testende Arm ist außenrotiert und um 90° abduziert. Das Ellenbogengelenk des zu testenden Arms ist ebenfalls um 90° gebeugt. Person X muss so auf der Liege liegen, dass das Schultergelenk frei beweglich ist. Der Oberarm wird so in die entgegengesetzte Wirkungsweise des M. pectoralis Major gebracht und man kann die Beweglichkeit des Muskels erkennen. Erreicht der Arm die Horizontale durch leichten Druck des Testers, also die Stufe 0 in der Testauswertung nach Janda (2000, S.271) liegen keine Beweglichkeitsdefizite vor. In der Testauswertung nach Janda (2000, S.271) hat die zu testende Person leichte Bewegungsdefizite (Stufe 1), wenn der Oberarm die Horizontale nicht erreicht, sich jedoch durch leichten Druck in die Horizontale bringen lässt und deutliche

Bewegungsdefizite (Stufe2), wenn der Oberarm auch durch Druck, die Horizontale nicht erreicht.

2.1.2   Testung der Hüftbeugemuskulatur (nach Janda, 2000, S.258)

Person X legt sich in Rückenlage so auf eine Liege, dass das Gesäß noch auf der Liege liegt und die Beine frei über die Liege hinaushängen. Person X winkelt mit Hilfe der Arme ein Bein an und zieht es so nah wie möglich an den Körper heran. Nun wird die Hüftflexion beobachtet und die der Winkel des Oberschenkels im Vergleich zur Körper-längsachse beobachtet. Wichtig ist bei der Testung, dass das Becken sich nicht von der Liege abhebt und dass es zu keiner Hyperlordose in der Lendenwirbelsäule kommt, was bedeutet, dass Becken und Lendenwirbelsäule fixiert werden müssen. Erreicht der Oberschenkel die Horizontale durch leichten Druck des Testers, also die Stufe 0 in der Testauswertung nach Janda (2000, S.259) liegt kein Beweglichkeitsdefizit des M. iliopsoas vor. In der Testauswertung nach Janda (2000, S.259) hat die zu testende Per-son leichte Bewegungsdefizite (Stufe 1), wenn der Oberschenkel die Horizontale nicht erreicht, sich jedoch durch leichten Druck in die Horizontale bringen lässt und deutliche Bewegungsdefizite (Stufe2), wenn der Oberschenkel auch durch Druck des Testers, die Horizontale nicht erreicht.

2.1.3   Testung der Kniestreckmuskulatur (nach Janda, 2000, S. 258)

Person X legt sich in Rückenlage so auf eine Liege, dass das Gesäß noch auf der Liege liegt und die Beine frei über die Liege hinaushängen. Person X winkelt mit Hilfe der Arme ein Bein an und zieht es so nah wie möglich an den Körper heran. Das andere Bein wird durch den Tester in der maximalen Hüftextension fixiert und anschließend wird das Kniegelenk maximal vom Tester gebeugt. Die Beweglichkeit wird anhand des Winkels zwischen Ober und Unterschenkel bestimmt. Auch hier ist zu beachten, das Becken und Lendenwirbelsäule fixiert sein müssen, um das Ergebnis nicht zu verfäl-schen.

In der Testauswertung nach Janda (2000, S. 259) hat Person X keine Beweglichkeitsde-fizite, also Stufe 0, wenn der Unterschenkel senkrecht runterhängt und es durch einen leichten Druck dem Tester möglichbist, die Beugung des Knies zu vergrößern. Bei Stufe 1 in der Testauswertung nach Janda (2000, S.259) ist der Unterschenkel leicht nach vorne gestreckt, lässt sich jedoch durch leichten Druck des Testers in eine senkrechte Position bringen. Wenn der Unterschenkel auch durch Druck des Testers nicht in eine 90° Position erreichen kann, hat Person X deutliche Beweglichkeitsdefizite (Stufe 2).

2.1.4 Testung der Wadenmuskulatur (nach Janda, 2000, S. 255)

Person X legt sich in Rückenlage auf eine Liege. Ein Bein wird angewinkelt und der Fuß wird flach aufgestellt, um die Hüfte zu fixieren. Das zu testende Bein bleibt gestreckt und Person X sollte so auf der Liege liegen, dass die Hälfte des Unterschenkels des zu testenden Beines nicht auf der Liege aufliegt. Eine Hand des Testers wird an die Ferse gelegt, wo er einen leichten Zug vollzieht. Mit dem Daumen der anderen Hand drückt der Tester den Vorfuß leicht in Richtung Scheinbein. In der Testauswertung nach Janda (2000, S. 255) hat Person X keine Beweglichkeitsdefizite, also Stufe 0, wenn eine Dorsalextension mindestens bis zur 0° Stellung möglich ist. Bei Stufe 1 der Testauswertung nach Janda (2000, S.255), hat Person X ein leichtes Beweglichkeitsdefizit, wenn die 0°-Stellung nicht erreicht wird, eine Dorsalextension aber generell möglich ist. Bei einem deutlichen Bewegungsdefizit, der Stufe 2, ist die Dorsalextension nur bis 10° unterhalb der 0°-Grad Stellung möglich.

2.1.5 Testung der Kniebeugemuskulatur (nach Janda, 2000, S. 261)

Person X legt sich in Rückenlage auf eine Liege. Ein Bein wird angewinkelt und der Fuß wird flach aufgestellt, um die Hüfte zu fixieren. Das zu testende Bein wird, während es im Kniegelenk gestreckt bleibt, von dem Tester in die maximale Hüftflexion gebracht. In der Testauswertung nach Janda (2000, S.262) hat Person X keine Beweglichkeitsdefizite, wenn eine Flexion im Hüftgelenk von 90° möglich ist. Bei Stufe 1, einem leichten Beweglichkeitsdefizit, der Testauswertung nach Janda ist eine Flexion im Hüftgelenk zwischen 80-90° möglich. Person X hat ein deutliches Bewegungsdefizit (Stufe 2), wenn die Flexion im Hüftgelenk nur unter 80° möglich ist.

2.2 Testergebnisse von Person X und Bewertung der Testergebnisse

Tab. 2: Testergebnisse von Person X

Getestete Muskulatur	Testergebnisse nach Janda
Brustmuskulatur	Stufe 0 bei beim rechten und linken Arm
Hüftbeugemuskulatur	Stufe 0 bei beiden Beinen
Kniestreckmuskulatur	Stufe 0 beim rechten Bein, Stufe 1 beim linken Bein
Wadenstreckmuskulatur	Stufe 0 bei beiden Waden
Kniebeugemuskulatur	Stufe 0 bei beiden Beinen

Person X hat nach der Testauswertung nach Janda, keine Beweglichkeitsdefizite. Lediglich in der Kniestreckmuskulatur des linken Beines erreicht Person nur Stufe 1 und hat somit ein leichtes Beweglichkeitsdefizit. Dieses leichte Defizit könnte eine Ausgleichsreaktion des Muskels an die Verletzung des Meniskus sein und sollte bei der Wahl der Übungen berücksichtig werden bzw. sollte auf das Schmerzempfinden des Kunden reagiert werden.

3 Trainingsplanung Beweglichkeitstraining

Tab. 3: Makrozyklusplanung Dehnprogramm Person X

Häufigkeit pro Woche	2
Sätze pro Übung	3
Dehndauer	40 bis 60 Sekunden
Intensität	Bis zur Dehngrenze

Übung 1: Seitliche Dehnung des Nackens (Anatomie des Stretchings, Ashwell, 2014, S.64)

Anvisierte Zielmuskulatur: m. trapezius pars descendens, m. scaleni, m. levator scapulae, m. sternocleidomastoideus

Dehnmethode: aktiv-statisch

Durchführung: Die Dehnung wird im aufrechten Stand durchgeführt, wobei die Hände hinter den Rücken gelegt werden. Der Blick geht geradeaus. Die Schultern bleiben gesenkt und nach hinten gezogen. Dann wird das Ohr in Richtung Schulter gezogen, der Blick bleibt jedoch gerade.

Übung 2: Schulterdehnung mit gebeugtem Arm (Anatomie des Stretchings, Ashwell, 2014, S. 74)

Anvisierte Zielmuskulatur: m. trapezius pars descendens und pars transversa, m.s infraspinatus, m. teres major, m.s triceps brachii, m. deltoideus pars spinalis

Dehnmethode: aktiv-dynamisch

Durchführung: Die Dehnung wird im aufrechten Stand durchgeführt. Hierbei wird der zu dehnende Arm nach vorne in Schulterhöhe angehoben, das Ellenbogengelenk wird ungefähr um 90° Grad angewinkelt und die Finger zeigen zur Decke. Nun greift man mit dem anderen Arm unter dem zu dehnenden Arm durch, winkelt ihn im Ellenbogengelenk an und zieht den zu dehnenden Arm an den Körper heran und lässt wieder locker. Das wiederholt man 40 Sekunden lang.

Übung 3: Trizepsdehnung (Anatomie des Stretchings, Ashwell, 2014, S. 88)

Anvisierte Zielmuskulatur: m. trapezius

Dehnmethode: aktiv-statisch

Durchführung: Die Übung wird im aufrechten Stand durchgeführt. Der zu dehnende Arm wird senkrecht zur Decke gestreckt. Das Ellenbogengelenk wird anschließend so abgeknickt, dass die Hand des zu dehnenden Armes flach auf den Rücken gelegt werden kann. Nun wird mit der Hand des anderen Armes der Ellenbogen des zu dehnenden Armes zur Körpermitte gezogen, bis man auf der Rückseite des dehnenden Armes einen Zug verspürt. Die Position wird 40 Sekunden lang gehalten.

Übung 4: Unterarmdehnung im Knien (Anatomoie des Stretchings, Ashwell, 2014, S.90)

Anvisierte Zielmuskulatur: m. brachioradialis, m. pronator teres, m. flexor carpi radialis, m. flexor digitorum superficialis

Dehnmethode. Passiv- dynamisch

Durchführung: Die Übung wird im Knien, optimaler Weise auf einer Matte durchgeführt. Man beugt sich nach vorne, so als würde man sich abstützen wollen. Die Arme sind so nach außen gedreht, dass bei Abstützen, die Fingerspitzen zu den Knien zeigen. Das Gewicht wird nun bis zur Schmerzschwelle nach vorne verlagert, kurz gehalten und anschließend wieder gelöst. Das wird 40 Sekunden lang wiederholt.

Übung 5: Bauchdehnung mit dem Gymnastikball (Anatomie des Stretchings, Ashwell, 2014, S.102)

anvisierte Zielmuskulatur: m. pectoralis major, m. latissimus dorsi, m. teres major, m. rectus abdominis, m. obliquus externus abdominis

Dehnmethode: passiv- statisch

Durchführung: Bei der Übung wird ein Pezziball benötigt. Man legt sich mit dem Rücken so über den Ball, dass Gesäß und Kopf den Ball umhüllen. Durch das leichte anwinkeln der Knie erhält man die Stabilität. Die Arme werden bevor man sich über den Ball legt etwa schulterbreit, senkrecht nach oben gestreckt und dann mit in die Bewegung genommen, also zeigen sie währen der Dehnung in Richtung Boden.

Übung 6: Kindstellung (Anatomie des Stretchings, Ashwell, 2014, S.114)

Anvisierte Muskulatur: m. glutaeus maximus, m. latissimus dorsi, m. teres major, m. teres minor, m. infraspinatus

Dehnmethode: passiv-statisch

Durchführung: Man kniet sich auf den Boden, idealerweise auf eine Matte, sie Fußrücken liegen auf dem Boden auf. Dann wird der Oberkörper mit beiden Armen über dem Kopf nach vorne gestreckt und die Hüften in Richtung der Fersen gedrückt. Die Position wird 40 Sekunden lang gehalten.

Übung 7: Quadrizeps Dehnung im Stehen (Anatomie des Stretchings, Ashwell, 2014, S. 138)

Anvisierte Muskulatur: m. rectus femoris, m. vastus intermedius, m. vastus medialis, m. vastus lateralis

Dehnmethode: aktiv-statisch

Durchführung: Die Übung wird im Stehen durchgeführt. Das Gewicht wird auf ein Bein verlagert. Das andere Bein wird im Kniegelenk maximal nach hinten gebeugt. Mit den Händen greift man am Sprunggelenk des angewinkelten Beines und zieht es zum Gesäß hin. Die Position wird 40 Sekunden lang gehalten.

Übung 8: Einzeldehnung mit aufgestellter Ferse (Anatomie des Stretchings, Ashwell, 2014, S. 140)

Anvisierte Muskulatur: m. bizeps femoris, m. semitendinosus, m. semimembranosus

Dehnmenthode: passiv-statisch

Durchführung: Das zu dehnende Bein wird auf der Ferse aufgestellt und nach vorne gestreckt. Die Zehen zeigen zur Decke. Das andere Bein ist im Knie leicht gebeugt. Jetzt wird der Körper in der Taille nach vorne gelehnt. Die Position wird 40 Sekunden lang gehalten.

Übung 9: Dehnung des Wadenmuskels gegen die Wand (Anatomie des Stretchings, Ashwell, 2014, S. 156)

Anvisierte Muskulatur: m. gastrocnemius, m. soleus

Dehnmethode: passiv-statisch

Durchführung: Man stellt sich circa eine Armlänge entfernt vor eine Wand und beugt den Oberkörper nach vorne. Mit einem Fuß macht man einen Schritt nach vorne und lässt diesen angewinkelt stehen. Das andere Bein bleibt gestreckt. Die Hüfte wird zur

Wand hingeschoben, bis man eine Dehnung spürt. Die Position wird 40 Sekunden lang gehalten.

Übung 10: Dehnung der Adduktoren im Sitzen (Anatomie des Stretchings, Ashwell, 2014, S. 144)

Anvisierte Muskulatur: m. adductor longus, m. pectineus, m. adductor brevis, m. adductor magnus, m. gracilis

Dehnmethode. Postisometrische Dehnung

Durchführung: Man setzt sich auf den Boden, winkelt die Knie an und legt die Fußsohlen aufeinander. Mit den Händen drückt man die Knie nach außen. In den ersten 6 bis 10 Sekunden wird die zu dehnende Muskulatur angespannt, so dass man mit den Knien gegen die Hände drückt. Die Muskulatur wird anschließend für 2 bis 3 Sekunden entspannt bevor sie mit den Händen die Knie für 20 Sekunden in die Dehnposition gebracht wird. Das wird wiederholt bis 60 Sekunden um sind.

Anhand des zeitlichen Verfügungsrahmens von Person X wurden 2 Einheiten pro mit einer Dauer von circa 30 Minuten gewählt. Um Person X weder physisch, aufgrund ihrer Verletzungen an Knie und Schulter, noch psychisch zu überlasten, wurden nur Übungen ausgewählt, die einfach auszuführen sind. Bei der Übungsauswahl wird ein dezenter Fokus auf das Schultergelenk gelegt, um Person X eine Schmerzlinderung in Bezug auf ihr Impingement-Syndrom zu verschaffen. Anhand des Beweglichkeitstests nach Janda lassen sich keine Defizite nachweisen, außer in der linken Kniestreckmuskulatur. Ein direkter Fokus auf diese Muskulatur wird im Programm jedoch nicht durchgeführt, da unklar ist, ob es sich hier um eine Anpassungserscheinung aufgrund der arthromuskulären Störung handelt, die mit dem nichtoperierten Meniskusriss in Zusammenhang gebracht werden kann. Ein undifferenziertes Dehntraining könnte die gelenkschützenden Anpassungserscheinungen zerstören und so eine Verschlechterung des Gesundheitszustandes bewirken (Freiwald & Engelhard, 1999)

4 Trainingsplanung Koordinationstraining

Tab. 4: Belastungsgefüge des koordinativen Trainingsplans

Trainingshäufigkeit pro Woche	
Sätze pro Übung	2
Satzpausen	30 Sekunden
Belastungsdauer	15 bis 60 Sekunden

Übung 1: Balancieren auf dem Therapie-Kreisel

Anvisierte Zielmuskulatur: Ganzkörperübung

Durchführung: Die Übung wird im Stehen durchgeführt. Man stellt sich mit leicht gebeugten Knien auf einen Therapie-Kreisel und versucht so lange wie möglich das Gleichgewicht zu halten. Die Füße werden dabei rechts und links in etwa gleichem Abstand voneinander positioniert. Die Arme dürfen zur Stabilisation genutzt werden. Es darf jedoch kein Kontakt zu Wand oder Boden bestehen. Der einzige Kontakt besteht zwischen Fußsohlen und Therapie-Kreisel. Anfangs soll diese Position 15 Sekunden gehalten werden und jede Woche um 10 Sekunden gesteigert werden.

Übung 2: Beinheben auf dem Therapie-Kreisel

Anvisierte Zielmuskulatur: Ganzkörperübung

Durchführung: Diese Übung wird ebenfalls im Stehen ausgeübt. Man stellt sich, wie bei Übung 1 auf den Therapiekreisel. Nun aber so, dass ein Fuß genau in der Mitte des Kreisels steht. Der andere Fuß wird um 90° angewinkelt in der Hüfte und im Kniegelenk. Diese Position wird 15 Sekunden lang gehalten. Anschließend wird gewechselt und der andere Fuß als Standbein benutzt. Ziel ist es, die Dauer je Woche um 10 Sekunden zu steigern.

Übung 3: Kniebeugen auf eingerollter Matte

Anvisierte Zielmuskulatur: M. rectus femoris, M. vastus intermedius, M. vastus medialis, M. vastus lateralis

Durchführung: Man benötigt für diese Übung eine Fitness-Matte. Diese wird je nach persönlichem Empfinden zusammengerollt, also entweder ganz eng oder etwas lockerer. Nun stellt man sich hüftbreit auf die zusammengerollte Matte und macht eine Kniebeuge, ohne das Gleichgewicht zu verlieren. Die Arme dürfen nach vorne ausgestreckt werden, um das Gleichgewicht besser halten zu können. Bei der Kniebeuge darauf achten, dass der Rücken gerade bleibt und die Knie nicht über die Fußspitzen herausragen.

Übung 4: Ausfallschritte auf dem Balancepad

Anvisierte Zielmuskulatur: M. quadrizeps femoris, Mm. adductores, M. gluteus medius, M. gluteus minimus, M. piriformis

Durchführung: das Balancepad wird auf den Boden gelegt und mit einem Abstand von circa einer beinlänge vor dem Trainierenden positioniert. Nun macht man einen Ausfallschritt nach vorne und stellt den Fuß dabei immer auf dem Balancepad ab. Die Position wird wieder gelöst und mit dem anderen Bein wiederholt bis eine Minute vergangen ist. Wichtig beim Ausfallschritt ist es, de Rücken gerade zu halten und das Knie nicht über die Fußspitze hinauszuschieben. Dann muss der Schritt größer gemacht werden.

Übung 5: Beckenheben mit Füßen auf dem Pezziball

Anvisierte Zielmuskulatur: M. biceps femoris, M. semitendinosus, M. semimembranosus

Durchführung: Man benötigt einen Pezziball und optimalerweise eine Matte, damit man nicht auf dem Boden liegt. Man legt sich auf den Rücken. Die Füße liegen auf dem Pezziball, die Beine sind dabei ungefähr im 90° Grad Winkel angewinkelt. Die Arme liegen rechts und links neben dem Körper. Nun drückt man das Becken nach oben, bis der Körper von den Schultern bis zu den Knien ungefähr eine gerade Linie bildet. Anschließend senkt man die Hüfte wieder ab. Die Übung wird innerhalb der 60 Sekunden so oft wie möglich wiederholt.

Übung 6: Ganzkörperübung mit dem Pezziball

Anvisierte Zielmuskulatur: Ganzkörperübung

Durchführung: Man begibt sich in eine Liegestützposition. Die Unterschenkel liegen auf dem Pezziball. Durch das Beugen der Beine wird der ball an den Körper herangezogen. Diese Position wird 2 bis 3 Sekunden gehalten und anschließend wieder gelöst. Die Übung wird innerhalb der 60 Sekunden so oft wie möglich wiederholt.

Übung 7: Liegestütze auf dem Pezziball

Anvisierte Zielmuskulatur: M. pectoralis major, m. triceps brachii, M. deltoideus pars clavicularis

Durchführung: Man legt sich mit dem bauch auf den Pezziball und rollt so weit vor bis nur noch die Unterschenkel den ball berühren. Wichtig ist es hier, die Körperspannung zu halten, damit der Rücken gerade bleibt. Die Arme sind gestreckt und die Schultern befinden sich senkrecht unterhalb der Arme. Durch das Beugen der Ellenbogengelenke, wird der Oberkörper so weit abgesenkt, bis die Nase fast den Boden berührt. Aus dieser Position drückt man sich wieder nach oben. Die Übung wird innerhalb der 60 Sekunden so oft wie möglich wiederholt.

Übung 8: Sich auf dem Pezziball halten

Anvisierte Zielmuskulatur: Mm. Erector spinae, M. gluteus maximus, M. biceps femoris, M. trapezius

Durchführung: Man legt sich mit dem Bauch auf den Pezziball und hebt Beine und Arme an. Gesäß, Beine und Rücken werden angespannt, die Arme werden seitlich vom Körper weggestreckt. Anfangs soll diese Position 15 Sekunden gehalten werden und jede Woche um 10 Sekunden gesteigert werden.

Übung 9: Mountain Climber auf dem Pezziball

Anvisierte Zielmuskulatur: Ganzkörperübung

Durchführung: Die Unterarme werden auf den Pezziball gelegt. Beine und Rücken bilden eine Linie. Um diese Position zu halten muss der Bauch angespannt werden. Im Wechsel werden die Knie zur Brust gezogen. Die Übung wird innerhalb der 60 Sekunden so oft wie möglich wiederholt in einem moderaten Tempo.

Übung 10: Rudern am Schlingentrainer

Anvisierte Zielmuskukatur: M. trapezius pars transversa und pars descendens, M. deltoideus pars spinalis

Durchführung: Man stellt sich vor den Schlingentrainer und nimmt die Griffe in die Hände. Anschließend läuft man mit den Füßen etwas unter den Bändern durch, sodass man in eine leicht schräge Körperhaltung kommt. Die Füße stehen flach auf dem Boden. Die Arme werden gestreckt und der restliche Körper bildet eine Linie. Jetzt zieht man sich an den Schlingen nach oben, bis die Hände ungefähr auf Brusthöhe sind. Wichtig ist, dass die Arme so eng wie möglich am Körper entlanggeführt werden. Anschließend die Arme wieder Strecken und die Übung erneut ausführen, bis die 60 Sekunden vorüber sind.

Die Übungen sind zum Teil schon etwas fortgeschrittener. Da Person X jedoch schon über 2 Jahre Krafttrainingserfahrung verfügt, wird die Auswahl als passend betrachtet. Gewählt wurde ein forderndes Ganzkörpertraining, mit dem Ziel eine der Krafttrainingseinheiten von Person X durch das koordinative Ganzkörpertrainingsprogramm zu ersetzen. Für ein koordinatives Ganzkörpertraining wurde sich aufgrund des zeitlichen Verfügungsrahmens und des bisherigen Trainings von Person X entschieden. So kann Person X ihre koordinativen Fähigkeiten verbessern und wird dennoch körperlich genug gefordert. Durch das Koordinativ-Integrative Training wird auch der Wunsch nach mehr Leistung im Freihanteltraining erfüllt, denn es werden im Trainingsplan nicht nur feste Übungen, sondern auch funktionelle Bewegungsabläufe trainiert (Bompa & Carrera, 2005, S.50 f).

5 Literaturrecherche

Tab. 5: Gegenüberstellung zweier Studien zum Thema „Dehnen als Verletzungsprophylaxe"

	Studie 1	Studie 2
Titel	Effect of Static Stretching on Prevention of Injuries for military Recruits	A randomized trial of preexerise stretching for prevention of lower-limb injury
Autoren	Masatoshi Amako, Takaaki Oda, Kazunori Masuoka, Hiromichi Yoki, paolo Campisi	Rodney Peter Hope, Robert Dale herbert, John Dennis Kirwan, Bruce James Graham
Forschungsfrage	Wie effektiv ist ein statisches Dehnprogramm in Bezug auf die Verletzungsprohylaxe von japanischen Militär Rekruten?	Kann ein Dehntraining im australischen Militär eine Verletzungsprophylaxe in Bezug auf Verletzungen der unteren Extremitäten bewirken?
Versuchspersonen	901 körperlich komplett gesunde Männer aus dem japanischen Militär im Alter von 18 bis 25 Jahren	1589 körperlich gesunde Männer aus dem australische Militär im Alter von 17-35 Jahren
Versuchsaufbau	518 Personen führten während des 12-wöchigen Militärtrainings ein statisches Dehnprogramm vor und nach dem Training durch. Die Kontrollgruppe von 383 Männern führte vor dem Training ein dynamisches Dehnprogramm durch.	735 Männer führten vor ihrem Training zusätzlich zum Aufwärmen ein Dehntraining durch. 803 Männer wärmten sich nur auf, bevor sie das Training durchführten. Das Programm ging 12 Wochen lang.
Relevante Ergebnisse und Schlussfolgerung der Studie	Die Muskelverletzungen der Männer die ein statisches Dehnprogramm vor und nach dem Training durchgeführt haben lag bei 2,5 %, wohingegen die verletzungsrate bei der Kontrollgruppe bei 6,9% lag. Schlussfolgerung der Studie: Statisches Denhen ist als Verletzungsprophylaxe bewiesen.	Insgesamt kam es zu 333 Verletzungen der unteren Extremitäten innerhalb der 12 Wochen. Davon 175 in der Kontrollgruppe und 155 in der Stretching Gruppe. Schlussfolgerung der Studie: Ein Dehnprogramm vor dem training hat keinen Einfluss auf die Verletzungsprophylaxe der unteren Extremitäten

6   Literaturverzeichnis

Ashwell, K. (2014). *Die Anatomie des Stretchings. Die 50 besten Übungen für mehr Beweglichkeit.* Kerkdriel:Librero

Bompa, T. O. & Carrera, M. C. (2005). *Periodization training for sports. Science-based strength and conditioning plans for 20 sports* (2.ed.). Champaign, IL: Human Kinetics

Freiwald, J. & Engelhardt, M. (1999). Aspekte der Trainings- und Bewegungslehre neuromuskulärer Dysbalancen –Teil 2. *Gesundheitssport und Sporttherapie*, 46-50

Hope, R. P., Herbert, R.D., Kirwan, J. D., Graham, B. J. (2000). *A randomized trial of preexerise stretching for prevention of lower-limb injury*

Masatoshi, A., Takaaki O., Kazunori, M., Hiromichi, Y., Campisi, P. (2003). *Effect of Static Stretching on Prevention of Injuries for military Recruits*

7   Tabellenverzeichnis

BEI GRIN MACHT SICH IHR WISSEN BEZAHLT

- Wir veröffentlichen Ihre Hausarbeit,
  Bachelor- und Masterarbeit

- Ihr eigenes eBook und Buch -
  weltweit in allen wichtigen Shops

- Verdienen Sie an jedem Verkauf

Jetzt bei www.GRIN.com hochladen und kostenlos publizieren